Vente du Lundi 12 Avril 1875

SALLE N° 3

BELLES

ARMES ANCIENNES

FERS OUVRÉS

DES XVIe ET XVIIe SIÈCLES

BELLES COLONNES EN GRANIT ROSE D'EGYPTE

BELLES TAPISSERIES

EXPOSITIONS :

PARTICULIÈRE	PUBLIQUE
Le Samedi 10 Avril 1875.	Le Dimanche 11 Avril 1875.

Me CHARLES PILLET,	M. CHARLES MANNHEIM,
COMMISSAIRE-PRISEUR,	EXPERT,
10, rue de la Grange-Batelière.	7, rue Saint-Georges.

CATALOGUE

D'UNE JOLIE COLLECTION

DE

ARMES ANCIENNES

FERS OUVRÉS

DES XVI° ET XVII° SIÈCLES

Orfévrerie ; Émaux de Limoges ; Cuivres vénitiens ;

Belle Pendule du temps de Louis XVI en marbre et bronze ;

DEUX BELLES COLONNES EN GRANIT ROSE ORIENTAL MONTÉES EN BRONZE DORE ;

Meubles en bois sculpté et autres ;

TRÈS-BELLES TAPISSERIES

dont un Panneau brodé du XV° siècle ; Belle bande de Guipure de Venise ;

TABLEAUX

DONT LA VENTE AURA LIEU

HOTEL DROUOT, SALLE N° 3
Le Lundi 12 Avril 1875,

A DEUX HEURES.

Par le ministère de M° **CHARLES PILLET**, Commissaire-Priseur,
10, rue de la Grange-Batelière ;

Assisté de **M. CHARLES MANNHEIM**, Expert,
7, rue Saint-Georges ;
Chez lesquels se trouve le présent Catalogue.

EXPOSITIONS { PARTICULIÈRE : le Samedi 10 Avril 1875.
{ PUBLIQUE : le Dimanche 11 Avril 1875.

CONDITIONS DE LA VENTE

Elle sera faite au comptant.

Les acquéreurs payeront, en sus des adjudications, *cinq pour cent* applicables aux frais.

L'exposition mettant le public à même de se rendre compte des objets, il ne sera admis aucune réclamation une fois l'adjudication prononcée.

PARIS. — Imprimerie PILLET FILS AÎNÉ, rue des Grands-Augustins, 5.

DÉSIGNATION DES OBJETS

ARMES

1 — Grande et belle épée à poignée à triple garde, richement incrustée d'argent. Beau travail du xvie siècle.

2 — Très-grande et belle épée à deux mains, à quillons courbes. Travail suisse du xvie siècle.

3 — Épée italienne à garde compliquée et coquilles. Elle est accompagnée de son fourreau.

4 — Hache-pistolet de mineur, dont le bois est finement incrusté de nacre et d'ivoire, à animaux et ornements. xviie siècle.

5 — Pistolet saxon à rouet, avec monture incrustée d'ivoire. La crosse porte les armes de Saxe rapportées en argent gravé.

6 — Pistolet italien entièrement en cuivre gravé.

7 — Mousquet à rouet, dont le bois sculpté est enrichi de clous à têtes saillantes. xviie siècle.

8 — Mousquet à rouet avec monture en bois sculpté. xvii° siècle.

9 — Mousquet à rouet avec monture unie.

10 — Petite cartouchière en fer et marqueterie de bois et d'os.

11 — Gaîne d'officier d'artillerie du temps de Louis XV, en cuivre ciselé et peau de chagrin.

12 — Deux épées, l'une du xiii° et l'autre du xiv° siècle.

13 — Hache d'armes orientale, plaquée d'argent doré. Elle renferme une lame.

14 — Porte-épée en cuir avec boucles en bronze doré.

15 — Deux pièces de travail allemand : fourreau d'épée et petite ceinture garnie en cuivre.

16 — Drapeau de confrérie en soie.

17 — Epée espagnole à large corbeille unie et quillons droits. La lame porte le nom *en Toledo*.

18 — Epée italienne à garde et quillons découpés. La lame porte la marque du *renard*. Avec fourreau.

19 — Colismarde Louis XV, en fer ciselé à figures et incrusté d'or, avec dragonne tissée en fin.

20 — Deux épées Louis XVI, dont une ciselée à fleurs et ornements, et l'autre de duel, à gardes repercées à jour.

21 — Deux épées, l'une Louis XV, de ville, à poignée en bronze, et l'autre de cour, Louis XVI, en acier poli.

22 — Glaive de l'Ecole de Mars.

23 — Trois pièces : coquille d'épée ciselée à trophées d'armes, bouterolle à sujets en relief, et culasse de pistolet ciselée et repercée à jour, du temps de Louis XIII.

24 — Deux pommeaux d'épée, l'un d'eux à tête de femme, et l'autre à tête de guerrier.

25 — Trois haches celtiques en bronze.

FERS OUVRÉS

26 — Très-belle pièce de maîtrise du temps de Louis XIV ; serrure et clef en fer ciselé, gravé et repercé à jour. Dans le tambour de la clef, on lit la signature P. Delaune, et la pièce porte les initiales P. D. Travail remarquable.

27 — Belle serrure Louis XII, avec cache-entrée formé d'un buste d'homme.

28 — Serrure Louis XII incomplète, en fer découpé à jour.

29 — Serrure de porte, du temps de Henri III, avec sa clef à cariatides.

30 — Deux serrures, l'une Louis XII, incomplète, l'autre Louis XIII, pour porte. La clef de cette dernière a été refaite.

31 — Serrure Louis XIII, avec clef ornée de dauphins.

32 — Deux serrures et leurs clefs, du temps de Louis XIV, en fer ciselé à mascarons, et gravé.

33 — Deux serrures, l'une pour coffre, du temps de Henri IV, et sa clef repercée à jour et gravée; l'autre, du temps de Louis XV, est une serrure d'armoire.

34 — Grand cadenas gothique à longue tige, en fer, à torsade.

35 — Deux cadenas italiens, dont l'un de fortes dimensions, et l'autre excessivement petit.

36 — Belle serrure anglaise enrichie d'ornements en bronze doré et gravé.

37 — Verrou en fer, au chiffre de François Ier.

38 — Quatre verrous en fer variés de forme.

39 — Entrée de serrure, verrou et ferrements de travail flamand.

40 — Lot de sept grosses clefs de diverses époques.

41 — Moraillon de serrure Louis XII, lot de clefs en bronze, petite serrure dorée et cadenas ovale.

42 — Entrée de serrure de coffre italien, en bronze doré.

43 — Grosse clef Louis XIII, à tête ciselée.

44 — Deux clefs, l'une espagnole, à tête découpée, et l'autre en bronze doré, au chiffre de Charles-Théodore.

45 — Deux clefs Louis XV en fer ciselé.

46 — Clef italienne en fer ciselé, avec chapiteau et aigles.

47 — Deux clefs, l'une italienne et du xive siècle, à rosace rapportée, en cuivre et repercée à jour, et l'autre gothique et de travail flamand.

48 — Trois clefs en fer de diverses époques.

49 — Clef de serrure de porte du temps de Louis XV, et clef de meuble Louis XVI.

50 — Petite clef de coffret du temps de Henri IV, formée de chimères.

51 — Clef anglaise du xviie siècle, de travail très-soigné.

52 — Deux clefs allemandes du xvii° siècle.

53 — Clef Louis XIV, ornée d'un chiffre couronné.

ORFÉVRERIE

54 — Christ en argent finement ciselé, appliqué sur une croix de bois encadrée d'ornements en argent, repercés à jour. Le pied, à quatre lobes festonnés, est en argent repoussé à figures, attributs et armoiries. Beau travail du xvi⁰ siècle.

55 — Deux buires à panse ovoïde en argent repoussé à ornements. L'anse est formée d'une cariatide de femme, et le col est orné d'un mascaron et de guirlandes de fruits. Travail d'Augsbourg, du xvii° siècle.

56 — Grand et bel ostensoir en cuivre doré et gravé, enrichi d'appliques ou bossettes en argent gravé et émaillé à fond bleu, xvi° siècle.

57 — Jolie figurine-applique en argent finement ciselé et doré en partie, représentant la Foi. xvi° siècle.

58 — Garniture de douze boutons en argent.

59 — Trente-deux jetons en argent, du temps de Louis XV.

ÉMAUX DE LIMOGES

60 — Plaque ovale peinte en émaux de couleurs. xvie siècle. Le couronnement de la Vierge.

61 — Baiser de paix. Peinture en émaux de couleurs, par
Pierre Raymond. Le Christ en croix.

62 — Deux plaques carrées, peintes en grisaille sur fond
noir. xvie siècle. Figures de saints personnages debout.

63 — Plaque carrée peinte en émaux de couleurs, sur
fond noir. Figure d'ange sur des nuages.

64 — Salière à pans décorée de bustes en émaux de couleurs, sur fond noir. xvie siècle.

65 — Deux petites plaques peintes en émaux de couleurs :
sainte Scholastique et saint François. xviie siècle.

66-67 — Quatre plaques de bourses à figures peintes en
couleurs et ornements en relief. xviie siècle. Elles
seront vendues par deux.

68 — Plaque carrée, peinte en émaux de couleurs : saint
Nicolas.

69 — Petite plaque carrée, peinte en émaux de couleurs et
à paillons, par Jehan Limousin. Elle représente le sujet de l'Annonciation.

OBJETS VARIÉS

70 — Belle pendule du temps de Louis XVI, en forme de
vase en marbre blanc, richement monté en bronze
ciseléetdoré. Les anses sont formées de cariatides d'enfants et une branche de roses s'échappe du vase.

71 — Brûle-parfums de forme cylindrique à couvercle
bombé et à base découpée à jour, reposant sur trois
pieds en cuivre gravé, à inscriptions et ornements.
Travail vénitien du xvi⁰ siècle, de style persan.

72 — Tableau églomisé sur verre, représentant l'Adoration des Mages, en couleurs et or. Travail de la fin du
xvi⁰ siècle.

73 — Très-beau bas-relief en bronze, représentant le
Parnasse. Très-beau travail de **P. V.** Vianen, 1604
(signé).

74 — Plat et buire en cuivre gravé à ornements et mascarons. Le plat date du xvi⁰ siècle; la buire, de même époque, a été gravée postérieurement.

75 — Deux pyramides en verre bleu et vert, garnies et
montées sur socles en bronze doré. Les piédestaux
sont supportés par des bœufs couchés. xvi⁰ siècle.

76 — Dessus de guéridon en vernis de Martin, à figures
d'enfants et guirlandes de fleurs sur fond bleu.

77 — Deux pièces en bronze : pomme de rampe italienne
et petite cloche chinoise.

78 — Deux flambeaux à pied triangulaire en cuivre émaillé,
de style byzantin.

79 — Petite pagode japonaise en laque noir et or.

80 — Belle plaque en bronze provenant d'un fronton et
composée de lions héraldiques, de rinceaux, de vase,
de cariatides et d'armoiries, repercés à jour. xvi°
siècle.

81 — Pied de flambeau du xvi° siècle, en bronze, formé de
trois cariatides de femmes, de rinceaux et de guirlandes.

82 — Eventail Louis XVI, avec monture en ivoire ornée
de deux jolies petites miniatures et à feuille décorée
d'un sujet champêtre dans le style de Boucher.

83 — Belle écritoire japonaise en forme de boîte, en an-
cien laque, à décor de paysage en relief. Belle qualité.

84 — Grande fontaine italienne en cuivre, en forme de vase
à godrons.

85 — Fontaine avec bassin en étain, à ornements et mascaron en relief.

86 — Cruche en grès de Flandre.

87 — Pot en terre émaillée de Nuremberg, à palmettes, ornements et buste de femme en couleurs sur fond brun.

88 — Ostensoir Louis XIII, en cuivre doré.

89 — Bouts de table Louis XVI à deux lumières, en cuivre argenté.

90 — Deux appliques Louis XIV, en cuivre argenté, ornées de bustes en relief.

91 — Deux assiettes en faïence italienne, décorées de paysages.

92 — Deux pièces : assiette en faïence de Castelli, à paysage, et déjeûner en faïence d'Urbino, à arabesques.

93 — Encrier de forme triangulaire en bronze. Italie, xvie siècle.

94 — Couvercle d'encrier du xvie siècle, en bronze, surmonté d'une figurine de faune dansant.

95 — Sonnette en métal de cloche, décorée d'ornements et de dauphins. xvie siècle.

96 — Trois figurines en bronze : soldat flamand, femme
debout, et Minerve.

97 — Contenance Louis XIII en fer et cuivre, avec mi-
roir et peinture représentant la Vierge et l'Enfant
Jésus.

98 — Trois pièces d'époque mérovingienne : deux boucles
de ceinturon et une fibule plaquée d'argent.

99 — Trois pièces : poudrière en verre de Venise, boîte à
mouches en émail, et médaillon en ivoire découpé.

100 — Deux pièces en maroquin rouge doré au fer : boîte
aux armes des Médicis, et petit nécessaire aux armes
du Dauphin.

101 — Trois pièces en bronze doré : figurine de guerrier
debout, petit socle rond, et Vénus et l'Amour.

102 — Deux pièces : bouton japonais en ivoire, et urne à
parfums étrusque.

MEUBLES

103 — Deux belles colonnes en granit rose oriental, avec
embases et chapiteaux ioniques en bronze doré. Haut.
des colonnes sans la monture, 2 m. 30 cent.

104 — Devant de coffre Louis XII, en bois de noyer sculpté.

105 — Devant d'armoire Louis XIV, en bois sculpté.

106 — Deux grands miroirs ovales dans des cadres italiens du xviie siècle, en bois sculpté et doré rehaussé de bleu.

107 — Deux petits cadres carrés en bois sculpté et doré, à enroulements. Travail italien.

108 — Petit cadre Louis XV, en bois sculpté et doré.

109 — Joli petit cadre italien en bois sculpté, à colonnettes détachées, et à fronton et cul-de-lampe, à ornements en relief. xvie siècle.

110 — Stalle gothique dont le dossier fleurdelisé offre à son centre un écusson armorié soutenu par deux anges.

111 — Deux belles portes en bois de chêne sculpté, à mascarons, cartouches et trophées d'armes. Elles portent les armoiries du baron de Brucelles, gouverneur de la Bastille sous Henri IV.

112 — Jolie table du xvie siècle, en noyer sculpté, sur pieds à éventails, cariatides d'animaux et mufles de lion.

113 — Petit groupe du xvie siècle, en bois sculpté et doré, représentant le Christ entouré de soldats.

TAPISSERIES ET ÉTOFFES

114 — Très-grande et très-curieuse tapisserie ou broderie, entièrement exécutée à la main. Elle offre au centre une figure de reine entourée de médaillons ronds renfermant des figures allégoriques ou de sibylles. Le pourtour, divisé en rayons, représente quatorze figures debout en riches costumes, parmi lesquelles on remarque celles du roi Salomon, personnifiant la sagesse; le roi David, l'intelligence; Samson, la force, etc., etc.

Les angles sont occupés par les figures d'Aristote, d'Ovide, d'Horace, etc.

La bordure se compose de rinceaux, encadrés, ainsi que les grands médaillons et chacune des figures, par de longues inscriptions latines expliquant les sujets et donnant les noms des personnages. Dans les angles sont des armoiries de villes.

Pièce rare de la fin du xve siècle ou des premières années du xvie siècle.

Haut., 5 m. 25; larg., 4 m. 70.

115 — Grande et belle tapisserie du temps de Louis XIV, à sujet mythologique dans un paysage. Belle conservation.

116 — Grande et belle tapisserie du xvi° siècle, représentant le Triomphe de la force, sous la forme d'un lion traîné dans un char et entouré d'un grand nombre de personnages allégoriques; fond de paysage et bordure à rinceaux et mufles de lion. Haut., 2 m. 05; larg., 5 m. 80.

117 — Beau dessus de lutrin, du xv° siècle, en velours de Gênes, à riche dessin lamé d'or sur fond rouge.

118 — Tableau en tapisserie des Gobelins, représentant l'Assomption de la Vierge, d'après Murillo.

119 — Très-belle bande de guipure de Venise, à fleurs et rinceaux, de 2 m. 35 de long.

120 — Quatre tapisseries d'Aubusson, verdure et oiseaux.

121 — Grande tapisserie à écusson soutenu par des enfants. Haut., 5 mètres; larg., 3 m. 10.

122 — Petite tapisserie verdure avec chien et oiseaux.

123 — Petit coussin en tapisserie du xvi° siècle, représentant Orphée charmant les oiseaux.

124 — Quatre morceaux velours de Gênes.

125 — Robe orientale en soie, garnie de galons d'argent.

126 — Gilet Louis XVI, en soie brodée à fond bleu.

127 — Bonnet d'enfant en soie brodée avec ornements en fin.

128 — Belle bande de guipure de soie du xvie siècle.

129 — Lot de guipure et deux lambrequins en soie jaune.

130 — Morceau de brocatelle de soie à fleurs et rehaussé d'or.

131 — Selle et fontes en velours rouge brodé en fin, et garnie en argent gravé et doré. Travail polonais, du xviie siècle.

132 — Deux jolis petits coussins en toile brodée à ornements en soie groseille et garnis de leurs dents de même nuance. Travail italien du xvie siècle.

133 — Très-belle frange à grille du xvie siècle, en velours et soie ponceau. Belle conservation. Long., 4 m. 50.

TABLEAUX

134 — JACQUES BASSAN (Jacomo da Ponte). — L'Adoration des mages.

135 — BREUGHEL. — Coupe de fleurs.

136 — ECOLE FLAMANDE. — Paysanne à la rose.

137 — ECOLE FRANÇAISE. — Deux pastels Louis XV portraits d'homme et de femme.

138 — ECOLE DU TITIEN. — Triomphe de Bacchus.

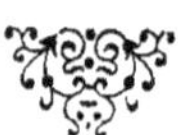